Pequenos conselhos às meninas

Texto de Mark Twain
Ilustrações de Vladimir Radunsky

Tradução e adaptação
Christine Röhrig

martins fontes
selo martins

Pequenos

de Mark Twain

conselhos às meninas

martins fontes
selo martins

e Vladimir Radunsky

Meninas boazinhas **não** devem torcer o nariz para seus professores por qualquer coisinha. Assim, devem retrucar apenas em casos particularmente graves.

Se **você** tiver apenas uma boneca de **pano** forrada com serragem, enquanto uma de suas amiguinhas, mais sortuda, tiver uma cara boneca de porcelana, mesmo assim **você** deve tratá-la bem. E **você não** deve tentar forçá-la a trocar, a menos que sua consciência justifique e **você** tenha certeza de que é capaz de fazê-lo.

Jamais tente tirar à força o chiclete de seu irmãozinho. É melhor enrolá-lo com a promessa de lhe dar o primeiro trocado que encontrar flutuando rio abaixo numa pedra de moinho. Em sua ingenuidade, própria da idade, ele considerará essa uma negociação honestíssima. Em todas as épocas do mundo, essa fantasia absolutamente plausível sempre levou crianças bobas à ruína financeira e ao fracasso.

Se, em algum momento, você achar que é necessário corrigir seu irmão, de maneira alguma lhe atire lama, porque deste modo sujará suas roupas. É melhor escaldá-lo para alcançar os resultados desejados. Assim, você terá imediatamente a atenção dele para as lições que pretende ensinar-lhe, e a água quente ainda servirá para lavar suas impurezas e eventuais espinhas de sua pele.

Se sua mãe lhe pedir que faça algo, não é certo responder de pronto dizendo que não o fará. É melhor e mais adequado primeiro insinuar que fará como ela manda, e então agir discretamente conforme ditar o seu melhor julgamento.

Você deve sempre se **lembrar** de que é a seus queridos pais que deve gratidão pelo alimento que tem e pelo privilégio de ficar em casa em **vez** de ir para a escola quando finge estar doente.

Portanto, respeite suas picuinhas, atenda a seus pequenos caprichos e tolere suas pequenas fraquezas até quando encherem demais.

Meninas boazinhas sempre demonstram grande respeito pelos idosos. Você nunca deve importunar pessoas idosas, a menos que elas importunem você primeiro.

© 2014 Martins Editora Livraria Ltda., São Paulo, para a presente edição.
© 2010 Donzelli Editore, Roma. Ilustrações © 2010 Vladimir Radunsky
Esta obra foi originalmente publicada na Itália sob o título
Consigli alle bambine por Donzelli Editore.

Publisher	Evandro Mendonça Martins Fontes
Coordenação editorial	Vanessa Faleck
Produção editorial	Susana Leal
Diagramação	Marcela Badolatto
Preparação	Andrea Vidal
Revisão	Lucas Torrisi
	Renata Sangeon

Dados Internacionais de Catalogação na Publicação (CIP)
(Câmara Brasileira do Livro, SP, Brasil)

Röhrig, Christine

Pequenos conselhos às meninas / texto de Mark Twain ; ilustrações de Vladimir Radunsky ; tradução e adaptação Christine Röhrig. -- São Paulo : Martins Fontes - selo Martins, 2014.

ISBN 978-85-8063-142-5

1. Literatura infantojuvenil I. Twain, Mark, 1835-1910. II. Radunsky, Vladimir. III. Título.

14-04102 CDD-028.5

Índices para catálogo sistemático:
1. Literatura infantil 028.5
2. Literatura infantojuvenil 028.5

Todos os direitos desta edição reservados à
Martins Editora Livraria Ltda.
Av. Dr. Arnaldo, 2076
01255-000 São Paulo SP Brasil
Tel.: (11) 3116 0000
info@emartinsfontes.com.br
www.martinsfontes-selomartins.com.br

Impressão e acabamento: Yangraf Gráfica e Editora